AF242961

LES COLONIES

DEVANT

LES CHAMBRES ET LE PAYS.

A PARIS,

CHEZ { LES MARCHANDS DE NOUVEAUTÉS ;
LEDOYEN, AU PALAIS-ROYAL, GALERIE D'ORLÉANS.

1843.

Je viens de lire avec un grand intérêt votre mémoire intitulé :
Les Colonies devant les Chambres et le Pays; j'y retrouve sans
doute une partie des idées que je vous avais présentées dans nos
divers entretiens, mais vous leur avez prêté une grande force, et
vous ajoutez beaucoup aux raisons que je faisais valoir dans l'intérêt national, pour la prospérité de nos colonies et la suppression d'une industrie inutile et dispendieuse qui prive la métropole
d'un moyen puissant d'extension de son commerce maritime. Ne
doutez pas de mon zèle à défendre ce système au sein de la commission et à la tribune. Votre mémoire apportera de nouvelles
lumières dans cette discussion, et quant à moi, je me sens plus
fort pour appuyer une résolution que j'avais reconnue nécessaire
et que j'avais réclamée il y a trois ans.

Recevez tous mes complimens.

BERRYER.

Mardi, 14 février.

LES COLONIES

DEVANT

LES CHAMBRES ET LE PAYS.

Dans les questions sociales et économiques qui embrassent des intérêts nombreux et variés, on est généralement enclin à s'armer de faits secondaires et de détails pour résoudre les problèmes qu'elles font inévitablement surgir. Les principes et les effets généraux, c'est à dire le côté philosophique de ces questions, échappent ordinairement à la masse des observateurs. Sans doute les principes se déduisent fréquemment de certains phénomènes qui se produisent avec régularité, de certains faits qui apparaissent à des époques données avec les mêmes caractères. Mais ces phénomènes et ces faits ne se présentent pas toujours avec des apparences précises et dans un ordre qui rende les appréciations faciles. La sagacité des observateurs est souvent en défaut ; quelquefois aussi l'esprit de généralisation leur manque, et alors les vues essentielles se perdent dans les détails.

Il nous semble que la question coloniale, et par conséquent la question des sucres ont éprouvé ce sort. Depuis quinze ans que les chambres et la presse cherchent une solution à ce problème qui se complique de jour en jour davantage , on a multiplié à l'infini les calculs qui se rattachent à la production et à la consommation coloniales, au mouvement maritime, aux impôts de douane, etc. On a vingt fois posé la question de savoir si les colonies sont utiles ou nuisibles à la France; s'il faut protéger ou laisser périr le sucre de canne; si l'émancipation doit être prochaine ou éloignée ; et surtout si la betterave doit vivre concurremment ou non avec la denrée tropicale. Selon qu'on défendait telle ou telle autre opinion, on invoquait telle ou telle catégorie de faits, on se laissait entraîner par cela même vers un certain ordre d'idées, et l'on s'écartait des données plus générales et plus importantes. Presque toujours on a perdu de vue l'origine, le but et les fonctions des colonies : pour les ports de mer, la question coloniale se réduit à une affaire de commission et de fret ; pour les raffineurs , à quelque chose de moins encore ; le gouvernement, dans les occasions les plus solennelles, dans les crises les plus périlleuses, n'y a vu que le côté fiscal, et encore n'a-t-il pas su se placer au centre de ce point de vue exclusif. Nous ne citerons point le mode d'appréciation des fabricans de sucre indigène; c'est la logique du privilége combiné avec l'usurpation (1).

On est arrivé aujourd'hui au point de faire aux colonies un reproche de leur existence , et de leur attribuer la déplorable si-

---

(1) La sucrerie indigène oublie complétement que son existence repose sur une exception qui a disparu avec le régime impérial. La betterave est devenue un anachronisme, et lorsque ses partisans, pour la perpétuer au détriment des colonies, se fondent sur les encouragemens qui lui ont été prodigués, ils invoquent une erreur économique comme un droit, et une circonstance exceptionnelle comme une tradition. Une erreur ne constitue jamais un droit, et une exception disparaît toujours complétement devant la succession régulière des faits ou par le retour des principes généraux.

tuation où elles se trouvent. Cela est devenu le thème favori de beaucoup d'hommes qui manquent d'étendue dans le coup d'œil et d'équité dans l'esprit. Les colonies sont coupables, parce-qu'elles périssent et qu'elles menacent de faire périr avec elles l'impôt sur le sucre, les débouchés de la métropole et la meilleure partie de la marine nationale. Ces accusations, sans doute, ne sont pas générales, et, grâce à Dieu, il y a encore assez d'hommes éclairés et haut placés en France pour saisir l'importance de nos possessions coloniales, et pour leur prêter l'appui que réclame cette importance même.

Dans quel intérêt les colonies ont-elles été fondées? Dans l'intérêt de la métropole évidemment, et ceci ne paraît pas avoir besoin de démonstration. Par ces fondations, la mère-patrie n'avait nullement la pensée de se créer des charges, mais bien au contraire de s'ouvrir des ressources, des débouchés, et de se procurer des revenus (1). Qu'on parcoure la législation relative aux colonies, et l'on verra que dès que celles-ci eurent une certaine consistance, elles devinrent un objet permanent de calcul et d'exploitation pour la métropole. Dès le 10 juin 1670, il fut défendu aux navires étrangers d'aborder dans les colonies; le 18 juin 1671, il fut interdit aux propriétaires des navires construits dans les colonies de faire le commerce étranger; et le 4 novembre 1671, il fut ajouté à ces défenses celle de transporter des marchandises des pays étrangers dans les îles; enfin le 21

---

(1) « Les colonies qu'on a formées sont sous un genre de dépendance dont on ne trouve que peu d'exemples dans les colonies anciennes, soit que celles d'aujourd'hui relèvent de l'État même ou de quelque compagnie commerçante établie dans cet État. L'objet des colonies est de faire le commerce à de meilleures conditions qu'on ne le fait avec les peuples voisins, avec lesquels les avantages sont réciproques. On a établi que la métropole seule pourrait négocier dans la colonie; et cela avec grande raison : parceque le but de l'établissement a été l'extension du commerce, et non la fondation d'une ville ou d'un nouvel empire (MONTESQUIEU, *Esprit des Lois*). » Quand Montesquieu a écrit ce passage, il avait particulièrement en vue les Antilles.

janvier 1684, on porta la défense d'y établir de nouvelles raffineries. Toutes ces mesures ont le même caractère et une in-
contestable uniformité de tendances; elles ont un but unique :
celui de faire des colonies une ressource pour la métropole.
Car la métropole seule profitait de l'interdiction qu'elle lançait
contre les navires étrangers, contre les navires construits dans
les colonies, et contre l'établissement des raffineries. Les guer-
res de la fin du dix-septième siècle amenèrent par nécessité quelques infractions à ces prohibitions : aussi furent-elles renouve-
lées et confirmées par un réglement du 20 août 1698, qui prend
en considération que les marchandises étrangères qui ont été
introduites dans les colonies ont empêché le débit do celles
qu'on y a envoyées de France depuis la paix. De nouvelles dé-
clarations, édits ou réglemens, rendus de 1717 à 1727, et toujours dans l'intérêt exclusif de la métropole, pourvurent à la
continuation d'une sévère exclusion du commerce étranger. Un
arrêt du 30 août 1784 adoucit un peu la sévérité de quelques
dispositions contenues dans les actes dont nous avons cité les
dates; c'est la dernière pièce officielle qui ait précédé la révolu-
tion de 1789. Cet arrêt, remis en vigueur après les événemens
de 1815, règle encore à cette heure la disposition du commerce
des Antilles françaises, et depuis vingt-sept ans d'insensibles
modifications seulement ont été introduites dans ce régime. Ainsi
la navigation est interdite aux colonies; il leur est défendu de
porter leurs denrées sur les marchés étrangers, et elles sont
forcées de s'approvisionner en France pour tous les articles que
leur sol ou leur industrie ne leur fournit pas, c'est à dire pour
la presque totalité de leur consommation. Mais en retour, dit-
on, les colonies ont le marché et la protection de la métropole.
Eh mon Dieu! ce point est plus avantageux pour la France que
pour les colonies elles-mêmes, et sous ce rapport encore, le
pacte colonial a été dicté par des nécessités et des convenances
qui touchent avant tout la mère-patrie. Le moyen, d'ailleurs,
de faire autrement? Et cependant nous verrons plus tard que
cet élément unique de vitalité pour les colonies n'a pas même

été respecté ; que le privilége du marché, qui n'était qu'une légère compensation du privilége que se réservait la métropole, a été graduellement atteint et compromis ; que les colonies, privées de tous les avantages de la concurrence, ont fini par en ressentir tous les effets funestes, et tellement funestes qu'elles sont aujourd'hui sous le coup d'une ruine imminente.

On parle du privilége colonial. Mais ce privilége est le corollaire logique, indispensable de tous les priviléges que s'est créés la métropole. Ces priviléges, qui ont été établis dans son intérêt et dans la vue exclusive de favoriser son commerce et sa navigation, sont le fait initiatif et primordial sur lequel pivote tout le régime des colonies, et ce fait seul suffit pour mettre à néant toutes les accusations dirigées contre les colons. Cette dépendance extrême dans laquelle on tient les colonies, et qui n'a été modifiée que dans des cas extraordinaires et urgens (1), n'a sans doute pas été établie en leur faveur, et il n'est pas nécessaire d'insister sur ce point.

Les états européens qui ont conservé des possessions coloniales les ont placées sous l'un des régimes suivans : 1° leur conversion en ports francs ouverts, sous des taxes très modérées, aux pavillons de tous les autres peuples ; 2° la libre admission du commerce étranger en concurrence avec le commerce na-

---

(1) Cette dépendance était telle, qu'en 1831 elle a occasionné une véritable famine aux Antilles, et il a fallu autoriser sous certaines conditions l'importation des farines étrangères. L'ordonnance du 9 novembre 1832 rend cette faculté d'importation définitive. Mais ces mesures mêmes, quoique en apparence favorables aux Antilles, tournent encore au profit de la France. Les farines étrangères taxées d'une manière prohibitive sont destinées, ainsi que l'avoue le rapport qui précède l'ordonnance, à n'être importées que lorsque le prix de la farine de Moissac dé passera à Bordeaux 46 fr. Tout ce que cette combinaison, qui équivaut à un droit prohibitif, a amené, c'est d'imposer la Martinique et la Guadeloupe de 1,200,000 fr. au profit de l'agriculture d'une seule province de la métropole. Pour en apprécier les effets, il suffit de consulter les notes commerciales de Bordeaux pour la sortie des farines à destination des deux îles.

tional, en établissant en faveur de ce dernier une modération des droits imposés sur le mouvement commercial ; 3° la continuation du monopole attribué à la métropole de l'achat, de la vente et de la navigation, sauf pour un petit nombre d'objets dont quelques circonstances ont pu déterminer l'abandon à la libre concurrence. C'est sous ce dernier régime que se trouvent placées les colonies françaises. Un coup d'œil sur les établissemens coloniaux des Européens prouvera qu'il est le plus défavorable de tous pour ceux auxquels il est appliqué, et que cette circonstance réagit sur les intérêts mêmes de la métropole.

Le petit nombre de points auxquels la franchise absolue appartient sont dans l'état le plus florissant. Voyez Saint-Thomas, dans l'archipel des Antilles, et Sincapore, dans l'archipel indien. Les droits, simples, faciles à régler, perçus presque sans contrôle ni surveillance, dépassent, dans ces localités, de beaucoup les frais de protection et de gouvernement ; car le commerce y est considérable, actif, et grandit même en raison des troubles qui surviennent dans les pays voisins. Aussi, loin d'être à charge au Danemarck, Saint-Thomas paie les officiers du gouvernement, le gouverneur de l'île Sainte-Croix, et a peut-être encore un excédant à envoyer en Europe. Une épreuve si convaincante a décidé le gouvernement danois à accorder une semblable franchise au port de Tranquebar, dans l'Inde. Evidemment, en appliquant un pareil régime, on a plutôt en vue l'intérêt et la prospérité de la colonie que celui de la métropole, quoique en définitive la dernière ne tarde pas à participer au bien-être de la première.

La libre admission du commerce étranger a également la plus salutaire influence sur les existences coloniales. Ce régime est aujourd'hui appliqué par l'Espagne aux deux îles qui lui restent en Amérique, Cuba et Porto-Rico, et aussi dans les Philippines ; par la Grande-Bretagne, dans ses possessions asiatiques ; par la Hollande à Java ; et il faut le reconnaître, la prospérité de ces divers pays est constante et avérée. Certainement l'Espagne ne peut en ce moment rien pour ses colonies ;

elles se soutiennent par leurs propres ressources, et surtout par l'excellence du régime qui leur est appliqué. Rien jusqu'à présent n'a pu troubler la prospérité croissante des îles espagnoles dans la mer des Antilles : Cuba est un véritable royaume, et un des plus solides appuis de la mère-patrie. Que serait devenue cette belle possession , si elle avait été placée dans la dépendance exclusive du privilége métropolitain? Elle aurait partagé toutes les vicissitudes économiques de l'Espagne, et, séparée du reste du monde, sa décadence eût été aussi rapide qu'inévitable. Java offre un autre exemple de l'influence bienfaisante de la libre admission du commerce étranger. Cette vaste colonie, sur laquelle le gouvernement hollandais a concentré toute son attention, se consolide et se développe d'une manière admirable ; elle marche sans bruit vers d'importantes destinées et en grandissant, elle fait grandir la Hollande (1). Dans ces conditions encore, on considère avant tout l'intérêt colonial, les moyens qui peuvent développer la prospérité des possessions lointaines, bien convaincu que cette prospérité rejaillira sur la métropole et établira une solidarité également favorable aux deux parties.

Les colonies qui sont restées soumises au commerce presque exclusif des métropoles, sont les colonies anglaises et hollandaises dans l'archipel des Antilles et sur le continent américain, ainsi que nos diverses colonies françaises. Partout où la liberté du commerce a encore été différée, ces colonies ont trouvé dans la protection de leur métropole la reconnaissance franche du droit qu'elles ont d'être défendues et maintenues. Une fatale exception semble être réservée aux colonies françaises.

---

(1) La Hollande est de tous les pays qui possèdent des colonies lointaines, celui qui a le mieux compris l'importance de ces possessions. C'est aussi celui qui, depuis le retour de la paix, a adopté les mesures les plus sages et les plus efficaces pour leur conservation et leur prospérité. Les revenus que le gouvernement tire de l'île de Java seulement, se sont plus que doublés dans l'espace de vingt-cinq ans.

En effet, placé sous celui des trois régimes qui est le moins favorable aux populations coloniales, ce régime, imposé par la mère-patrie sous forme de contrat, n'a pas même été observé dans la clause essentielle et vitale qui devait garantir l'existence des colonies. Cette clause assurait à celles-ci le monopole du marché métropolitain. Détruisez cette condition en laissant subsister toutes les autres, et les colonies sont ruinées, anéanties : elles ne pourront être sauvées ni par la perfection des procédés et du travail, ni par les combinaisons de la plus rigoureuse économie. Otez-leur le marché métropolitain, et vous leur ôtez tout ; elles n'ont ni les ressources des ports francs, ni celles du commerce étranger. Si elles trouvaient des concurrens sur le seul point qui leur soit accessible, leur existence même est mise en question, et la violation de leurs droits conduit à l'anéantissement des possessions tropicales.

La situation est grave et complexe, dit-on. Grave, oui ; complexe, non. Pour peu qu'on remonte aux principes, la solution de la question qui s'agite depuis bientôt douze ans peut être ramenée à des termes parfaitement élémentaires. A quelle époque le sucre de betterave est-il né ? Au temps où les colonies n'existaient plus pour la France, dans un moment où le système continental avait rendu les arrivages de cette denrée à peu près impossibles. Le sucre de betterave est sorti des laboratoires de chimie pour devenir d'abord un objet de curiosité, et plus tard un article de spéculation et de commerce. Jusqu'en 1814, la marche ascendante de ce produit, favorisée par des encouragemens de tout genre, s'expliquait et se justifiait parfaitement dans ses rapports avec le système économique établi par l'empire. Le sucre tropical n'apparaissait pour ainsi dire plus en France, et ce désir immense de le remplacer par un produit indigène s'appuyait à la fois sur la nécessité d'une part, et de l'autre sur l'espérance d'affecter profondément une importante branche du commerce anglais. A ce point de vue, les hommes qui désespéraient à tout jamais des colonies, et qui avaient foi dans les violences du système continental, devaient applaudir aux progrès de la betterave. C'était selon eux une conquête immense , qu'il fallait maintenir par des sacrifices sans bornes. Cette situation, qui laissait l'avenir de la marine française entièrement de côté, ne devait cependant être acceptée qu'autant que les hypothèses des partisans de la betterave ne viendraient pas se briser contre des réalités, qu'autant que le sucre de canne se trouverait irrévocablement perdu pour la France.

Or le contraire est arrivé en 1815 ; nos colonies nous ont été rendues ; le sucre tropical pouvait de nouveau approvisionner notre pays et satisfaire, dans les plus grandes proportions, avec le concours du sucre étranger, les exigences du marché national. Le pacte colonial était remis en vigueur, et l'arrêt du 30 août 1784 réglait encore les rapports qui existaient entre les colonies et la métropole. Le sucre indigène non-seulement ne devait plus avoir de but et de signification, mais *légalement* il ne devait pas exister, puisque les colonies étaient en possession du marché national, et qu'elles payaient ce marché par une dépendance absolue de la métropole.

En 1815 on n'avait pas la moindre notion du développement du sucre indigène; il était encore à l'état de curiosité chimique, et le législateur avait si peu conscience des destinées et de l'action future de ce produit, que, loin de songer à l'assimiler au sucre colonial, et de le soumettre aux mêmes mesures fiscales, il était disposé à lui accorder toutes sortes d'immunités. Et cependant, quoi de plus simple, de plus équitable et de plus légitime que de décréter que tout sucre français consommé en France serait frappé d'un impôt uniforme ! Cette mesure, tout en touchant au pacte colonial, maintenait cependant le principe de la liberté des industries, et elle pouvait à la rigueur se justifier aux yeux des colons par la généralité de son application. On avait dit aux colonies : «La métropole s'attribue dans ses rapports avec vous la vente, l'achat et le transport de tous les objets de consommation, mais en retour de ce privilége vous aurez pour vos denrées le monopole du marché national, et nous vous préserverons de la concurrence étrangère, de manière à ce que vous trouviez chez nous l'écoulement de vos produits. » Les sucres étrangers n'entraient en effet dans la consommation qu'en cas d'insuffisance de sucres coloniaux, et ceux-ci étaient protégés par la surtaxe. En même temps le sucre de betterave grandissait obscurément, silencieusement à l'abri d'un privilége énorme. C'était une infraction flagrante au pacte colonial, et lorsque la législature est arrivée enfin à connaître des conflits élevés entre les deux sucres, cette violation du contrat, *point fondamental* dans la question, n'a pas même été envisagée. On n'a vu que trois termes dans le problème : le chiffre du revenu public, l'exploitation agricole et industrielle de la betterave, le commerce et la navigation de la métropole. Eh bien ! ces trois points, quelle que soit leur importance relative, ne peuvent arriver à la discussion que lorsqu'on a reconnu l'inviolabilité du pacte colonial fondé sur le droit des gens. Cette prétention est d'autant plus légitime, que c'est la métropole qui a imposé ce pacte aux colonies, et que celles-ci ont combiné toute leur organisation économique d'après les termes mêmes de ce contrat. Dès que les choses sont ainsi envisagées tout devient simple et clair, et les droits de chacun se dessinent nettement.

En principe, le marché métropolitain appartient aux colonies jusqu'à concurrence de l'écoulement total de leurs produits (1). Quand même les conventions et l'équité n'exigeraient pas ces conditions, elles découleraient de la nature même des choses. Les colons ne peuvent vendre leurs produits qu'en France, ils ne peuvent acheter leurs objets de consommation qu'en France.

______

(1) Quelle que soit la nature de ces produits, pourvu qu'ils ne soient pas du nombre de ceux que fournit la métropole. On a reproché aux colons d'avoir donné de l'extension à leurs sucreries au détriment de certaines autres plantations. Mais les colons n'ont fait que suivre l'impulsion qu'ils ont reçue, et dans cette circonstance encore, en favorisant le développement des cultures, on a été dominé avant tout par des considérations fiscales, et peut-être par des intérêts maritimes.

Présentez un obstacle à la vente, vous détruisez en même temps les achats, vous attaquez la consommation, et partant l'existence des colonies; vous méconnaissez vos propres engagemens, et vous voulez les forcer à tenir les leurs, c'est à dire vous leur demandez l'impossible. La betterave n'a été favorisée, encouragée que dans l'hypothèse de la perte irrévocable de nos colonies. C'est un incident pacifique, mais funeste dans l'histoire coloniale, et que la réintégration de nos possessions d'outre-mer aurait dû faire disparaître.

Maintenant si on nous objectait qu'en 1815 la sucrerie indigène existait, et qu'il eût été inconséquent de la détruire après l'avoir encouragée, nous répondrions encore que les prévisions dans lesquelles elle avait été établie ne s'étant point réalisées, elle devait nécessairement disparaître devant des droits antérieurs et supérieurs aux siens, droits qui se rattachaient à un état normal, qu'un état violent et exceptionnel avait momentanément déplacés. Nous ajouterions cependant que pour donner satisfaction à des intérêts qui avaient toutes les apparences d'une existence légale aux yeux de certaines gens, la co-existence des deux sucres ne pourrait se concilier avec la justice due aux colonies, qu'en les frappant d'un impôt identiquement le même et abstraction faite de l'origine de la denrée. C'est là sans doute un autre ordre d'idées, et qui déroge à la rigueur du principe posé plus haut; mais enfin il pouvait trouver place dans un système économique; il était en désaccord avec la doctrine admise, cependant dans la pratique il ne détruisait pas d'une manière fondamentale l'esprit et les termes du pacte colonial. Mais cette alternative n'a pas même été saisie par le gouvernement, et après avoir proclamé hautement que le sucre était une matière essentiellement imposable, après avoir élevé graduellement les droits sur la denrée coloniale, il a accordé au sucre indigène le privilége le plus exorbitant qui ait jamais existé; et, chose singulière, lorsqu'enfin la gravité des circonstances et les besoins du fisc ont forcé le gouvernement à attaquer la position exceptionnelle de la betterave et à toucher à la longue immunité dont elle avait joui, les plus rudes imputations ont été dirigées contre les colonies qu'on accusait d'être en possession d'un privilége exorbitant.

L'accusation était aussi singulière que véhémente. Voilà deux espèces de sucres qui entrent dans la même consommation. L'un est chargé de droits très élevés, l'autre vit en parfaite franchise, et c'est celui-ci qui crie au privilége dès que par nécessité et peut-être aussi par un retour à des sentimens plus équitables, le gouvernement propose de le frapper d'un léger impôt. On connaît de reste l'histoire de ces longues déclamations, et les redoutables résistances qui ont toujours entravé la solution rationnelle et équitable de la question.

Malheureusement, dans ce problème si simple et si clair en lui-même, on s'est beaucoup trop perdu dans les détails et dans les arguties. La théorie de la pondération des droits a prévalu, jusqu'à présent, et malheureusement encore ces droits n'ont été calculés que sur des élémens incomplets et tronqués, et sous l'influence d'intérêts et d'appréciations exagérées. Le principe de l'égalité de l'impôt est entré dans tous les esprits clairvoyans et impartiaux, le gouvernement lui-même l'admet; il est soutenu par d'irrésistibles argumens et en tout point d'accord avec les vrais principes fiscaux et économiques, et cependant on ne s'est arrêté jusqu'à présent qu'à des palliatifs et à des moyens-termes qui ont tout compromis et jeté l'administration dans les plus graves embarras.

L'Angleterre, qui a des colonies placées sous des régimes divers, a maintenu à chacun de ces régimes son caractère et ses conditions propres. Elle impose chez elle le sucre quel qu'il soit, et non pas tel ou tel sucre. Elle conserve à ses colonies, qui ne jouissent pas de la liberté du commerce, le marché métropolitain dans toute son intégrité, et les surtaxes qui pèsent sur les sucres autres que ceux des Antilles en sont la preuve la plus évidente.

Dans le système de l'égalité de l'impôt, qui ne vient, comme solution de la question des sucres, qu'en seconde ligne, il y a bien un privilége qui cesse : c'est celui de la betterave. Le sucre indigène aura les mêmes droits et les mêmes charges que le sucre de canne, avec cette différence cependant qu'il n'aura pas deux mille lieues à faire pour arriver sur le marché, et que ses fabricans ne sont pas nécessairement obligés d'acheter leurs objets de consommation en France, et de vendre leurs sucres aux raffineries regnicoles. Ces différences, ce nous semble, ont bien quelque valeur, et les colons seraient fort jaloux de posséder ces petits avantages. Il est évident que la mère-patrie, en ne s'arrêtant à aucun des deux partis que nous venons d'indiquer, ruine les colons qui ont cependant, comme membres du corps social, le droit d'être maintenus, ou pour citer Vattel, qu'ils ont droit à tout ce qui est nécessaire à leur conservation.

Dans les nombreuses combinaisons qui se sont fait jour pour maintenir la betterave dans son état exceptionnel, on a proposé d'ajourner la solution de la question des sucres jusqu'après l'émancipation des esclaves. Jusqu'après l'émancipation des esclaves! c'est vouloir faire l'amputation à un agonisant. Nous ne dirons rien ici de cette question, si ce n'est que la Grande-Bretagne a fait l'émancipation des esclaves dans des vues économiques que nous ne pouvons pas avoir, et que chez elle l'abolition de l'esclavage a été le résultat d'un calcul et nullement dicté par un sentiment d'humanité. C'est pour favoriser d'abord d'autres pays de production, et puis pour ruiner les cultures similaires des autres peuples que l'Angleterre a consenti à ébranler si profondément le travail dans ses possessions de l'archipel des Antilles (1).

---

(1) A quelque point de vue qu'on se place, l'émancipation imposera un sacrifice aux colons et atteindra de la manière la plus grave et la plus profonde leur industrie. Le simple bon sens l'indique, et l'expérience anglaise est d'ailleurs là pour donner une très grande consis-

L'ignorance et les préoccupations de l'esprit de parti ont souvent obscurci et dénaturé la question coloniale. On n'a pas toujours compris quels grands intérêts se rattachaient à nos possessions transatlantiques, et combien il serait utile pour la métropole même de leur donner de la consistance et de la vitalité. Les hommes les plus prévenus conviendront que la production du sucre colonial joue un certain rôle dans le mouvement économique de la France. Elle se range nécessairement au nombre des cinq ou six grandes industries qui doivent éveiller plus particulièrement la sollicitude du gouvernement et du pays.

L'importance d'une industrie se déduit ordinairement, soit de la masse des valeurs qu'elle met en circulation, soit du nombre de bras qu'elle occupe, soit du revenu social qu'elle donne, soit des impôts qu'elle produit au trésor et de quelques autres circonstances encore. C'est à l'un ou l'autre de ces titres que nous classons en France en première ligne l'industrie cotonnière, l'industrie linière, l'industrie des draps, celle des soies, celle des fers, celle des houilles, etc. Toutes ces branches du travail national méritent certainement de figurer en tête de l'ensemble de la production. Aussi le gouvernement ne néglige-t-il rien pour leur procurer des élémens de vie et de prospérité. Une portion considérable du budget trouve sa destination dans la protection qui est accordée à ces industries. Tous nos tissus ne sont-ils pas protégés contre la concurrence étrangère par des prohibitions ou des droits très élevés? les fers et les houilles ne jouissent-ils pas de semblables faveurs? n'est-ce pas principalement pour ces di-

---

tance à cette prévision. Eh bien! pour faire supporter cette épreuve aux colonies, on saisirait précisément le moment où elles sont épuisées, où leurs forces les abandonnent, et où tous les élémens qui contribueraient à cette régénération réelle ou supposée, seraient entièrement paralysés! manière facile mais peu logique, on en conviendra, de résoudre les questions qui embrassent les intérêts les plus élevés du pays.

verses industries que nous avons une ligne de douane compacte
et une administration coûteuse? Dans quel but a-t-on plus particulièrement construit les canaux en France? n'est-ce pas pour
le transport des fers, des houilles, des cotons, des laines et d'autres matières premières encombrantes? L'administration générale du pays n'est-elle pas en partie instituée pour donner de la
sécurité à ces diverses branches du travail national, et quel
nombreux personnel ne faut-il pas pour répondre aux nécessités variées et permanentes de ces industries? La société fait d'immenses sacrifices pour les maintenir, et cependant, comparativement à l'industrie du sucre, elles n'apportent qu'un faible contingent à la chose publique.

Prenons les fers. On en produit annuellement pour une valeur
de cent millions. C'est une des branches du travail national qui,
depuis vingt-cinq ans, occupe le plus fortement l'attention des
chambres et du gouvernement. La nation entière paie une prime
aux maîtres de forge, et cependant il n'existe pas entre le pays
et ceux-ci un pacte, un contrat en vertu duquel leurs produits
doivent être protégés de toute concurrence étrangère. En leur
accordant cette protection, on obéit à des règles économiques
fort contestables et qui imposent, comme nous l'avons dit, de
très grands sacrifices aux consommateurs. Mais peut-être cette
industrie offre-t-elle quelque compensation en retour des sacrifices qu'elle impose. Examinons. Occupe-t-elle un grand nombre de travailleurs? Quarante ou cinquante mille au plus ; don-
ne-t-elle de grandes recettes au trésor? Elle paie l'impôt direct
et celui des patentes, ce qui est tout-à-fait insignifiant, comparé
à la valeur de ses productions annuelles ; forme-t-elle une classe
de travailleurs indispensables à l'existence et à la puissance de
l'état? Nullement. Ces questions pourraient être poussées beaucoup plus loin, et l'on arriverait toujours à peu près aux mêmes
conclusions, c'est à dire qu'on verrait que l'industrie des fers
occasione des sacrifices à l'état et au public, et se trouve cons-
tituée au profit d'un petit nombre d'exploitans seulement. Mais

nous nous hâtons d'ajouter qu'elle forme une branche importante de la production générale, et qu'à ce titre elle mérite protection et encouragement. Sans doute les opinions peuvent encore varier sur le choix des moyens, mais enfin nous admettons le principe, **et nous comprenons les tendances** qui dictent ses applications.

Prenons une autre industrie, celle des fils et toiles de lin et de chanvre. Elle est peut-être moins importante que celle des fers sous le rapport des valeurs ; mais on n'a pas hésité un instant à venir efficacement à son secours dès qu'elle se trouvait compromise par la concurrence étrangère. Lorsque le marché français s'est trouvé envahi par les produits anglais, le ministère a aussitôt cédé aux réclamations des intéressés, et il a procédé par voie d'ordonnance pour remédier au mal qu'on lui signalait. Et, il faut bien le remarquer, la mesure qui a été adoptée, dans le mois de juin de l'année dernière, affecte évidemment l'intérêt du consommateur ; c'est lui qui fait les frais de protection accordée à l'industrie linière. En récapitulant la situation de nos principales industries, nous arriverions presque invariablement aux mêmes raisonnemens et aux mêmes constatations. Nous trouverions surtout que ces industries, loin de fournir un puissant contingent aux impôts, absorbent plutôt ces impôts par les mesures de protection et de conservation qu'elles exigent. Le motif de cette protection, dont nous ne contestons, du reste, nullement la légitimité, est qu'elles font partie de l'ensemble de la production et du travail national, et qu'en favorisant la première et le second on se place au point de vue de l'intérêt de tous.

Mais l'industrie coloniale n'appartient-elle point aussi à l'ensemble de la production française ? Pour le nier, il faudrait d'abord établir que les colonies ne font point partie intégrante du royaume ; que les colons ne sont point Français ; en un mot, il faudrait déchirer le pacte qui existe entre eux et la métropole. Cependant s'ils ne sont pas Français, que signifient alors ces obligations et ces nécessités qu'on leur impose d'acheter et de vendre à la mère-patrie? Cela ressemblerait assez à l'oppression qu'on fait peser sur un pays conquis. Et encore de semblables mesures ne sont-elles plus de notre temps; Nous avons conquis l'Algérie, tout en conservant à ce pays tous les élémens de vitalité et d'existence, et nous lui accordons la liberté du commerce et du trafic comme un moyen de développement et de prospérité. Nous ne saurions assez insister sur ce point, c'est à dire sur l'inviolabilité du pacte colonial. Car c'est par la rigoureuse observation de ce pacte que la question des sucres recevra une solution définitive et complète; c'est par sa stricte observation qu'on conservera à la France tous les avantages fiscaux, commerciaux et maritimes qui dérivent ordinairement de possessions coloniales bien administrées.

Le sucre, avons-nous dit, mérite, comme élément de la production générale la même protection et les mêmes encouragemens que les autres industries. Il n'est pas plus permis de le ruiner qu'il n'est permis de laisser périr les fers, les lins, les draps, les soieries, l'industrie cotonnière, etc. Dès qu'une de ces branches se trouve menacée, on vient à son secours, et l'on ne recule jamais devant les sacrifices à faire. Les produits coloniaux peuvent avec d'autant plus de raison réclamer pour eux l'application du droit commun qu'ils offrent exceptionnellement au trésor et à la nation des avantages que les autres industries sont loin de présenter. Quel est le produit qui, longtemps avant sa mise en consommation, a fourni au trésor l'équivalent de plus de la moitié de sa valeur, et qui, s'il était replacé dans les conditions originaires du contrat, donnerait annuellement une somme de 50 millions à l'état? Quel est ensuite le produit qui offre le plus de ressources au développement de notre puissance maritime? Cette dernière considération seule devrait, aux yeux des hommes d'état, être décisive et mettre fin à toutes les incertitudes qui planent sur la question des sucres. Depuis un grand nombre d'années, la navigation privilégiée est seule en progrès; c'est elle qui fournit les ressources les plus sûres et les plus certaines au recrutement de la marine militaire ; c'est elle qui est la meilleure école des matelots que nous possédions. La navigation que nous faisons en concurrence avec les nations étrangères décline malheureusement chaque année, ainsi que cela résulte des tableaux officiels de notre commerce extérieur (1). Cette décadence serait bien plus rapide si l'on ôtait à la navigation coloniale les alimens qui lui restent. Tandis que l'Angleterre et les Etats-Unis entrent avec les navires nationaux pour les deux tiers du fret de leur commerce extérieur, la France ne prend guère plus d'un tiers dans les transports maritimes de ses marchandises. Cet état de choses est grave, et tous les hommes qui attachent quelque importance à la puissance maritime le voient avec inquiétude. Car, il faut bien l'avouer, le sentiment de la nécessité des possessions coloniales existe encore très vivement chez nous , et l'établissement que nous venons de former aux îles Marquises en est une preuve convaincante. Il est inutile de faire ressortir la corrélation intime qui existe entre la marine marchande et la marine militaire : tout le monde sait que la seconde se recrute plus particulièrement dans la première, et que c'est la navigation au long cours seule qui peut fournir des marins d'élite.

On voit qu'en faisant même abstraction des termes de justice

---

(1) La navigation réservée à notre pavillon a offert pendant 1841 un accroissement de 4 p. 0⁞0 sur l'année 1840, tandis que la navigation faite concurremment avec l'étranger, a présenté au contraire une diminution de 8 p. 0⁞0. Au total, et considérée dans son ensemble, la navigation française, abstraction faite du cabotage, a présenté en 1841, comparativement aux années précédentes, les résultats suivans :

Entrées et sorties réunies, en 1841	11,576 navires.
— en 1840	12,348
Moyenne des cinq années antérieures.	11,656
Diminution en 1341 sur 1840	772
Diminution sur la moyenne.	80

(*Tableau du Commerce* avec les colonies et les puissances étrangères pendant 1841.)

et d'équité que renferme le problème, et qu'en se plaçant exclusivement au point de vue de *l'utile*, la question des sucres est une de celles qui méritent au plus haut degré l'attention du gouvernement. L'impôt sur les sucres coloniaux est de toutes les taxes, celle dont la perception soulève le moins de difficultés et de réclamations. Aucune industrie, excepté celles qui sont constituées en monopoles exploités par le gouvernement, tels que le tabac et le sel, ne donne au trésor des produits plus clairs, plus certains et plus réguliers. Nous dirons ici un mot du chiffre et de la quotité de ces produits pour répondre à certaines appréciations qui ont été faites sur l'extension probable de la consommation du sucre.

On a dit, pour justifier l'existence de la betterave, que la production coloniale était insuffisante, et que le sucre indigène était destiné à doubler et à tripler la consommation dans un avenir prochain, si par l'abaissement de l'impôt on arrivait à la réduction du prix de la denrée. On a cité à l'appui de ce raisonnement le chiffre de la consommation du sucre en Angleterre et en Hollande. Cette espérance nous semble fondée sur une erreur capitale. Chaque pays a ses usages et ses habitudes qui sont très fréquemment déterminées par le sol et le climat. En Hollande, et particulièrement en Angleterre, les boissons chaudes et sucrées sont d'un usage général, et elles remplacent d'autres boissons. Si elles devaient s'introduire en France, il se ferait tout naturellement un profond changement dans les habitudes. Le thé, le café, le punch remplaceraient le vin, et ce changement ne pourrait se faire qu'au détriment d'une des plus importantes branches de notre industrie agricole. D'ailleurs, par quel moyen, par quelle voie changerait-on des habitudes et des goûts depuis longtemps établis? Nous buvons en France du vin, comme on boit de la bière en Allemagne et du thé en Angleterre. Nous buvons du vin, parceque notre sol nous le fournit, et qu'il répond mieux à nos besoins physiques que le thé et la bière, plus appropriés à d'autres climats. Nous ne voulons pas dire que la consommation du sucre ait atteint en France ses dernières limites, mais nous croyons qu'on se fait de très grandes illusions en prétendant qu'une réduction sur le prix de la denrée en accroîtrait sensiblement la consommation. En réduisant le droit de moitié , le prix ne se trouverait réduit que d'un quart environ, et il faudrait alors, pour que le trésor eûtla même recette, que la consommation fût doublée, hypothèse qui ne nous paraît point du tout admissible. Dès qu'il est établi que le dégrèvement n'amenerait pas un accroissement sensible dans la consommation, et que nos habitudes, fondées sur l'existence d'un produit national, n'admettent pas un usage indéfini du sucre, les hautes destinées qu'on assignait à la betterave deviennent parfaitement illusoires, attendu que les 100 millions de sucre colonial répondent , avec un léger complément de sucre étranger, aujourd'hui et dans l'avenir parfaitement à la consommation. Le gouvernement pourrait donc être entraîné à faire une mauvaise opération en dégrevant le sucre, matière proclamée d'ailleurs essentiellement imposable.

Supposons cependant, pour un instant, qu'il fût possible d'arriver par des sacrifices fiscaux à une très grande extension de la consommation du sucre. Ce changement aurait-il définitivement des résultats salutaires pour le pays ? Nous en doutons, car il se ferait au détriment de l'industrie vinicole , qui déjà est dans des conditions d'existence passablement fâcheuses. En buvant plus de thé et de café, on boirait moins de vin. Il ne faut pas se le dissimuler, si les produits de nos vignobles ont tant de peine à entrer dans la consommation étrangère, il faut l'attribuer tout autant à des habitudes prises et enracinées chez nos voisins qu'à l'élévation des impôts qui frappent nos vins. On peut douter que les Belges préférassent, à prix égal, le vin à la bière, et cela uniquement parcequ'ils sont habitués à la seconde de ces deux boissons. Par la même raison, on aurait beaucoup de peine à substituer en France le thé au vin. Nous insistons sur cette circonstance, parcequ'elle peut répondre jusqu'à un certain point à cette assertion que la production coloniale est tout à fait insuffisante pour l'avenir à la consommation française.

Maintenant, plaçons-nous dans une hypothèse que les ennemis mêmes du sucre de canne ne craindraient pas d'accepter; faisons complétement abstraction de l'intérêt colonial et des principes d'équité et de justice sur lesquels les colons ont naturellement droit de compter (1). Plaçons-nous exclusivement au point de vue de l'intérêt métropolitain, au point de vue de l'utilité de la mère-patrie dans ses rapports avec les deux sucres.

Si la sucrerie indigène disparaissait par un coup de baguette magique du sol de la France, qui est-ce qui s'en apercevrait hormis les fabricans et un petit nombre de propriétaires? Est-ce le fisc? pas le moins du monde. Est-ce l'industrie des transports ou la navigation? moins encore. Est-ce l'agriculture en masse? nous en doutons; car il faut distinguer la betterave, dont la culture se poursuivrait comme par le passé, de la fabrication du sucre. Rien ne serait changé aux assolemens, et cette plante, qu'on dit être si utile dans l'économie agricole, ne perdrait rien de sa valeur. Il nous semble qu'il y a une circonstance qui fait justice du rôle exagéré qu'on attribue à la betterave dans le système général de notre agriculture. Cette circonstance a, pour ainsi dire, passé inaperçue, mais elle nous semble avoir son importance. Les fabricans de sucre

---

(1) On sait très bien que la métropole et ses colonies n'ont pas de traité à faire ensemble; ce ne sont pas des puissances égales, et l'une d'elles décide seule. Elle doit donc être d'autant plus attentive à ne rien ordonner que de parfaitement *juste*. C'est la métropole qui a imposé le contrat; c'est donc plus particulièrement à elle à le maintenir dans toute son intégrité. Quand les surtaxes du sucre étranger et les primes du sucre colonial ont été établies, ce n'est pas au colon producteur qu'elles ont profité, car il ne s'est pas enrichi; c'est le commerce de la métropole, sa production agricole, son industrie manufacturière, sa navigation, qui étaient protégés par le monopole que l'on conservait. A cette heure que le sucre colonial trouve en France un produit qui lui fait concurrence dans la consommation, qui partage ses primes à l'exportation, c'est à la fois le colon et le *producteur des objets destinés à la colonie* qui souffrent.

Indigène, en réclamant la suppression de leur industrie moyennant indemnité, ne parlent en aucune façon des inconvéniens
qu'une pareille mesure pourrait avoir pour l'agriculture. Il
nous semble que si leur cause était aussi intimement liée à celle-
ci, il leur eût été impossible de se détacher si complétement de
l'intérêt général, et loin de réclamer la suppression de leur industrie, ils auraient dû demander son maintien au nom même de
cette agriculture qu'on a fait intervenir dans la question ; mais
cela n'est pas possible. L'agriculture, proprement dite, n'a rien
gagné par la naissance de la sucrerie indigène. Le profit a été
pour les propriétaires dans certaines localités privilégiées , et
l'extension de la culture de la betterave a uniquement fait haus-
ser la rente territoriale dans ces localités. Voilà le secret de l'a-
tachement à la betterave de certains hommes qui ne sont ni fabricans de sucre ni propriétaires de sucreries. Il résulte de ces
faits que toutes les combinaisons qui ont été proposées en faveur
de la betterave pivotent sur un intérêt spécial, étroit et unique,
et ne se rattachant à aucune branche importante du travail national. Si la betterave disparaissait, la France manquerait-elle
de sucre? Eprouverait-elle des mécomptes dans son inscription
maritime ? L'industrie métropolitaine aurait-elle moins de débouchés? — Assurément non. Et toute cette affaire ne sort pas
aujourd'hui du cercle du chiffre de l'indemnité à accorder aux
fabricans à exproprier.

Il n'en est pas de même de la perte du sucre colonial, qui équivaut à la destruction des colonies même, et cette destruction,
sans une prompte solution du problème d'après les principes que
nous avons indiqués plus haut et que nous formulerons ci-après
plus nettement, est inévitable. Déjà le trésor a éprouvé les funestes effets du système mixte et bâtard consacré par la loi de
1840. La soi-disante pondération des droits lui a fait perdre sans
compensation une partie de son revenu, et le *statu quo* de la
législation lui ferait perdre, sous peu, la totalité de ce revenu,
c'est à dire une somme annuelle de 30 à 40 millions. Mais ce ne
serait peut-être pas le résultat le plus funeste de la destruction

des cultures coloniales que cette destruction vienne de la rivali-
té du sucre de betterave ou d'une émancipation prématurée, peu
importe. Que deviendraient les quatre cent soixante navires
qui sont actuellement employés à la navigation coloniale ? Que
deviendraient les équipages qui les montent ? Ce n'est pas dans
le surplus de la marine française qu'ils pourraient se placer,
puisque cette marine marchande n'entre que pour la moindre
part dans le transport de nos exportations et de nos importa-
tions. Que deviendraient un grand nombre d'usines, de fabriques
et d'ateliers de la métropole, qui n'existent aujourd'hui en
grande partie que par la consommation coloniale? Qu'on inter-
roge là-dessus particulièrement l'industrie parisienne, et l'on
verra quelle importance elle attache aux débouchés qui lui sont
offerts par les colonies (1).

On voit que les colonies, dans leurs justes et pressantes réclamations, peuvent faire abstraction de leur propre intérêt.
Leur cause n'a pas les dimensions étroites et égoïstes d'un entre-
prise industrielle ; elle s'appuie à la fois sur des raisons d'état
et sur les convenances de l'ordre le plus élevé ; elle s'appuie sur
les intérêts multiples et variés de la métropole, et sur des tra-

---

(1) Les exportations pour la Martinique, la Guadeloupe, Bourbon
et Cayenne, se sont élevées, en 1841, à la somme de 55 millions de
francs. Ce chiffre dépasse de 10 millions celui de nos exportations pour
la Belgique pendant la même année. Nous choisissons à dessein, pour
terme de comparaison, la Belgique, parceque c'est pour le marché de
ce pays qu'on a pris la peine de soulever cette grave question de
l'*union commerciale*, qui ne donnerait, en retour d'immenses concessions, que des avantages très problématiques et très contestables.
Pour satisfaire les colonies et pour les conserver, on n'a pas besoin
d'alarmer nos industries et de troubler la paix de l'Europe. La question des sucres est plus facile à résoudre que celle de l'*union belge*.
Résolue, elle offrira incontestablement plus d'avantages à la France
que cette dernière, et sans nous causer d'embarras ni au dedans ni
au dehors. Ce rapprochement ne saurait manquer d'intérêt pour les
hommes qui ont des notions précises sur l'organisation et les effets du
commerce extérieur.

ditions que les gouvernemens les plus intelligens ont respectées jusqu'à présent.

Cependant, en présentant ces considérations et en écartant pour un instant l'intérêt colonial, les colons veulent conserver la plénitude de leurs droits, et ils n'entendent point détacher leur cause des principes qui ont été solennellement consacrés. Ces principes, nous les avons exposés au commencement de ce travail, et ils serviront maintenant de point de départ à nos conclusions. Des trois systèmes qui régissent les colonies des états européens, le moins libéral est appliqué aux colonies françaises. En réclamant l'exécution pure et simple de ce système, elles se tiennent donc dans les exigences de la plus vulgaire équité. Elles ne demandent aucune faveur; elles n'insistent que sur l'exécution d'un contrat qui a été fait dans l'intérêt de la métropole, et dont l'observation ne fait que sauvegarder encore les intérêts de la métropole. Aux colonies appartient le marché de la mère-patrie : c'est l'unique élément de vie et d'existence qu'elles possèdent; l'inobservation de cette clause est leur ruine. L'observation de cette clause est commandée par l'équité et la justice, par les traditions, par les conventions et par l'intérêt métropolitain. La justice qu'elles réclament aujourd'hui aurait dû leur être accordée il y a dix ans; elles eussent ainsi échappé à d'immenses sacrifices, et leur situation ne serait pas à l'heure qu'il est tellement déplorable, que bientôt aucune expression ne pourra plus la caractériser. Le remède à cette situation, nous l'avons indiqué : le gouvernement l'a compris et adopté. Il est simple et bien déterminé, et les moyens d'exécution sont au pouvoir des chambres : c'est la suppression des sucreries de betterave moyennant indemnité. La *suppression* est commandée par la justice qu'on doit aux colonies et par l'intérêt national; l'*indemnité* est la conséquence d'une erreur qui a duré vingt-cinq ans, et c'est le temps seul qui donne à cette indemnité les caractères d'une réparation. Le principe de la loi réunit à la fois les conditions de justice, d'utilité et de générosité desquelles un gouvernement ne doit jamais se départir. Quel que puisse être le chiffre de l'indemnité, le jour où il sera fixé par les chambres, on aura rendu au trésor des ressources étendues, régulières et permanentes, qui rendront la liquidation des sucreries indigènes aussi prompte que facile. Dans une période de deux ou trois ans, l'excédant de l'impôt fournirait une somme suffisante pour indemniser les fabricans indigènes, et ne coûterait en définitive rien au trésor (1). Dans la situation présente, c'est la combinaison la plus simple, la plus rationnelle et celle qui s'accorde le mieux avec le triple intérêt de la métropole, des colonies et de la betterave, et avec l'esprit du pacte colonial. Nos possessions transatlantiques sortiraient au bout de quelques années de la détresse profonde où elles se trouvent maintenant; la navigation retrouverait un aliment certain et lucratif; et le trésor, l'indemnité une fois payée, aurait des recettes assurées. Enfin la sucrerie indigène elle-même serait satisfaite d'une semblable solution, et les embarras que la question des sucres a causés au gouvernement disparaîtraient définitivement. Telles sont les conséquences générales de la mesure proposée à la législature par M. le ministre du commerce.

Il est clair que dans ce système le sucre étranger serait appelé à combler les lacunes dans la consommation que laisserait le sucre français, et ce serait là une nouvelle et féconde source de recettes.

C'est ainsi que la Grande-Bretagne qui connaît parfaitement la valeur des colonies a procédé. Elle a maintenu à ses possessions des Antilles le marché métropolitain aussi longtemps qu'elles fournissaient aux besoins de la consommation, et elle s'est bien donné de garde d'affecter inconsidérément le revenu public.

---

(1) La suppression de la sucrerie indigène donnerait, dès la première année, une augmentation de 20 millions dans les recettes du trésor, et deux exercices suffiraient pour solder le capital destiné à l'indemnité. Cette liquidation une fois effectuée, l'impôt sur le sucre produirait 50 millions par an.

Quand la consommation de sucre s'est augmentée au-delà de ce que ses anciennes colonies fournissaient, elle a commencé par admettre avec le même droit celui de l'île Maurice, et plus tard celui de ses provinces sujettes dans les Indes-Orientales. Comme les besoins étaient grands, la concurrence de ces nouvelles admissions *a laissé subsister un prix de vente suffisant pour le producteur.* Elle a affranchi les noirs, elle en a payé le prix et a réglé les nouvelles conditions de leur travail. Elle a gardé le monopole commercial, mais elle y a apporté quelques concessions avantageuses. D'ailleurs, ne fournit-elle pas à des prix inférieurs à ceux des autres peuples, les métaux, les tissus, enfin presque tout ce que ses colons consomment. Quelles que puissent être les arrière-pensées de l'Angleterre sur l'avenir de ses colonies des Antilles, il demeure toujours certain que jusqu'à présent elle n'a point tari leurs débouchés, et qu'elle a compris que des consommateurs qui achètent tout chez elle doivent en retour trouver un marché assuré pour leurs produits. Ainsi dès que le parlement a pensé que le sucre de betterave pourrait s'introduire sur le sol de la métropole, il a rendu une loi pour le soumettre au même droit que le sucre colonial. Cette mesure prise a coupé court à tous les embarras que la betterave a fait naître en France. Si en 1815 au moment ou on replaçait les colonies sous le régime établi par l'arrêt de 1784, on avait égalisé les droits sur les deux sucres, le produit de la betterave serait parfaitement inconnu non-seulement en France, mais dans le reste du monde. Ce que l'on n'a point fait alors est aujourd'hui commandé par la plus impérieuse nécessité.

Mais si le principe simple équitable qui fait la base de l'existence coloniale n'était point admis par la législature dans toute son intégrité, si on ne voulait pas conserver aux colonies le marché métropolitain, si on admettait la co-existence des deux sucres alors, il faudrait nécessairement proclamer le principe de l'égalité des conditions dans la production tel qu'il a été formulé par les délégués des colonies.

Ce principe comprendrait l'égalité du tarif. La faculté, égale pour l'une et l'autre industrie, de livrer leurs produits au consommateur à un égal degré de perfectionnement; la faculté égale d'exporter leurs produits pour tous marchés et par tous pavillons, faculté égale de consommer des produits étrangers dans la limite et aux seules conditions de la législation douanière de la métropole. La réalisation de ces différentes conditions placerait nos colonies sous le régime de la libre admission du commerce étranger avec le commerce national. Les conséquences de ce régime sont faciles à apprécier. Cuba et Porto-Rico sont des exemples concluans pour faire juger les effets du système, et la prospérité des deux îles peut facilement faire naître la pensée de se placer dans de semblables conditions.

Cependant, si on se reporte aux vœux des colons eux-mêmes, ils préfèrent de beaucoup s'en tenir à l'exécution pure et simple du pacte colonial, par respect pour le principe d'abord; et ensuite ils reconnaissent, comme nous, que les colonies sont fondées dans l'intérêt des métropoles, et qu'elles offrent à la mère-patrie un élément de grandeur, de puissance et de prospérité d'autant plus durable et plus utile, que les liens réciproques sont plus fermes et plus serrés. Le sentiment de la nationalité est d'ailleurs trop vif chez les colons pour qu'ils ne désirent pas conserver à jamais la France comme patrie. Ce sentiment ne s'efface pas par les traités, et la preuve s'en trouve dans les regrets manifestés au sein de toutes les colonies qui furent françaises d'origine, et qui le sont encore par la langue.

A l'heure qu'il est, la question des sucres est dépouillée de toutes ses ambiguités : les termes en sont clairs et faciles à saisir; les principes sont nettement posés, et les faits généraux se produisent avec une suffisante lucidité. Les chambres n'auront pas de peine à résoudre le problème, si elles placent au sommet de la discussion le contrat de la métropole avec ses colonies, tel qu'il ressort du droit des gens ; et si, de ce point de vue élevé, elles descendent ensuite aux considérations qui se rattachent au revenu public, au commerce et à la puissance maritime de la France.

FIN.

Paris, Imprimerie de POUSSIELGUE, rue du Croissant, 12.

9 782013 183499